Tiga Sekawan

Indonesian version by
Jiro Hasegawa Situmorang
Illustrated by Terry T. Waltz

Squid For Brains
educational publishing

Tiga Sekawan

Indonesian adaptation by Jiro Situmorang
Edited by Katie Coughlan and Suhartoyo
Original text and illustrations by Terry T. Waltz
Based on "Milo youchoubibao!" by Terry T. Waltz

Published by:
Squid For Brains
www.SquidForBrains.com
Albany, NY USA

Copyright © 2018 by Terry T. Waltz. All rights reserved. No part of this book may be reproduced or transmitted in any form or by any means, electronic or mechanical, including photocopying, recording or by any information storage or retrival system, without the express prior written permission of the copyright holder.

ISBN-13: 978-1-946626-46-2

Chapter 1 Which Club?

"Klub Hewan Peliharaan! Kunjungi Klub Hewan Peliharaan! Klub Hewan Peliharaan ini hebat! "

"Kamu suka main XBox? Klub XBox mau kamu!"

"Semua orang keren memilih Klub Sains!"

Banyak sekali klub di Sekolah Barvard! Klub yang besar, klub yang kecil, semua ada di Barvard. Hari ini ada pameran klub di Sekolah Barvard. Milo dan teman-

temannya melihat-lihat klub-klub di sana. Hari ini, Milo dan teman-temannya perlu memilih klub mana yang mereka suka.

Tetapi hari ini Milo tidak senang. Milo punya masalah. Ada banyak sekali klub, tetapi Milo tidak suka satu pun. Dia tidak suka klub yang besar. Dia juga tidak suka klub yang kecil. Ini tidak bagus!

Semua teman-teman Milo suka klub yang ada di Sekolah Barvard, tetapi Milo tidak.

Rosa adalah teman Milo. Rosa bilang pada Milo, "Mengapa kita tidak pergi ke Klub Hewan Peliharaan? Klub Hewan Peliharaan itu keren. Mari kita pergi ke sana!"

Ibu Rosa menyukai kucing. Rosa juga. Ayah Rosa menyukai

anjing, tetapi ibu Rosa bilang kucing tidak suka anjing, jadi tidak ada anjing di rumah Rosa. Rosa dan ayahnya tidak menyukai itu. Tetapi tidak ada yang bisa dilakukan.

Rosa menyukai Klub Hewan Peliharaan. Tetapi Milo tidak suka Klub Hewan Peliharaan. Dia tidak mau pergi ke Klub Hewan Peliharaan karena dia tidak suka kucing. "Aku tidak suka Klub Hewan Peliharaan. Kucing dan anjing itu menyebalkan! Aku tidak suka kucing dan anjing."

Rosa tampak tidak senang. Mengapa Milo tidak suka Klub Hewan Peliharaan?

Rosa bilang: "Harold! Lihat! Ada Klub XBox! Keren!"

Harold juga teman Milo. Harold

tidak suka kucing, tetapi dia suka main XBox. Dia main XBox di rumah. Ayah Harold juga senang main XBox.

Rosa bilang pada Milo: "Harold menyukai banyak klub. Dan dia sangat suka Klub XBox."

Harold bilang pada Milo: 'Kamu tidak suka Klub XBox? Kamu punya XBox di rumah. XBox itu keren. Kamu tidak mau bermain XBox? Aku mau! Yuk, mari kita lihat Klub XBox?"

Tapi Milo tidak mau melihat Klub XBox. "Harold! XBox di rumah bukan punya saya. Itu punya kakakku. Dia suka bermain XBox. Tapi aku tidak suka Xbox.

Dan kakakku tidak keren. Bermain XBox tidak keren! Aku tidak mau melihat Klub XBox."

Harold marah pada Milo. "Klub XBox itu sangat hebat! Itu menyenangkan sekali! Mengapa kamu tidak suka Klub Xbox?"

Milo bilang padanya: "Aku mau klub yang keren sekali. XBox tidak keren. Kamu suka bermain XBox, tapi aku tidak suka bermain Xbox. Jadi aku tidak mau pergi ke Klub XBox."

Rosa dan Harold tidak senang. Mereka suka bermain XBox. Banyak orang yang bilang Klub XBox itu hebat.

Rosa dan Harold menyukai anjing dan kucing juga. Karena itu mereka suka Klub Hewan

Peliharaan. Tapi Milo tidak suka Klub Hewan Peliharaan. Dia tidak suka Klub XBox. Dia tidak senang.

Apakah ada klub yang keren di Sekolah Barvard?

Chapter 2 The Expo

Milo dan teman-temannya mengunjungi banyak klub. Tapi Milo tidak menyukai satu pun dari klub-klub itu.

Harold bilang pada Milo: "Aku tidak mau lagi mengunjungi klub apa pun! Apakah tidak ada klub yang kamu suka?"

Rosa bilang: "Milo, lihat, bukankah itu Ibu Tuti?"

Ibu Tuti ada di Klub Bahasa

Indonesia. Dia sangat senang. Banyak orang ada di Klub Bahasa Indonesia. Milo dan teman-temannya pergi mengunjungi Klub Bahasa Indonesia.

Ibu Tuti bilang pada mereka: "Hai Rosa, Harold! Mau lihat-lihat? Klub Bahasa Indonesia kami sangat menyenangkan!"
Harold bilang: "Halo, Ibu Tuti!"
Rosa bilang: "Klub Bahasa Indonesia ini sangat keren! Milo, apakah kamu suka klub ini?"

Milo melihatnya. Dia melihat Ibu Tuti. Tapi dia tidak bilang apa pun.

Harold tidak senang. Dia bilang pada Ibu Tuti: "Milo tidak suka Klub Bahasa Indonesia. Dia bilang tidak ada klub yang keren di

Barvard. Sungguh menyebalkan! "

Milo bilang: "Aku tidak bilang --"

Rosa dan Milo bilang padanya: "Kamu tidak suka Klub Hewan Peliharaan. Kamu juga tidak suka Klub XBox. Dan kamu tidak suka Klub Bahasa Indonesia. Kamu menyebalkan! Katakan pada kami! Klub apa yang kamu suka?"

Milo tidak bilang apa pun. Dia tidak melihat teman-temannya. Dia melihat ke sebuah klub. Itu adalah Klub Robotika!

Rosa dan Harold melihat Milo. Mereka melihat Klub Robotika.

"Milo! Klub Robotika? Sungguh?"

"Milo! Klub Robotika itu klubnya Ibu Bell. Dia menyebalkan!"

Milo melihat temannya. Mereka tidak senang. Tapi Milo sangat senang. "Kamu tidak suka robot? "

"Ya, tapi --"

"Robot itu keren, benar 'kan?"

"Ya, mereka keren, tapi --"

"Robot itu menyenangkan. Klub Robotika itu menyenangkan. Mari kita pergi ke Klub Robotika! "

Rosa melihat Harold. Harold menatap Rosa. Apa yang bisa kamu lakukan? Ibu Bell sangat menyebalkan, tapi Milo suka Klub Robotika. "Baiklah. Kita pergi ke Klub Robotika! "

Chapter 3
Barvard Burgers, anyone?

Jam tiga. Milo senang. Dia dan dua temannya ada di Barvateria. Di Barvateria, ada banyak murid.

"Rosa! Harold! Yuk, membeli Burger Barvard, oke?"

"Ya!" Harold sangat suka Burger Barvard. Jadi dia senang. "Rosa, kamu mau satu?"

Rosa tidak mau makan Burger Barvard. "Burger Barvard

tidak lezat, Burger Barvard jelek sekali. Daging di Burger Barvard bukan daging sapi."

Harold bilang: "Bukan daging sapi? Siapa bilang?"

"Klub Sains yang bilang. Mereka bilang Burger Barvard adalah daging tikus!"

Harold menatap Milo. "Daging tikus? Burger Barvard bukan daging tikus. Rasa Burger Barvard sangat lezat! Jika kamu mau Burger Barvard, aku juga mau!"

Rosa bilang pada mereka: "Kalian dapat makan di Barfateria jika kalian mau. Tapi aku tidak mau muntah. Aku tidak akan makan Burger Barvard!"

Milo dan Harold melihat Rosa. "Barfateria! Ha ha ha!" Tapi

mereka membeli empat Burger Barvard.

Rosa tidak senang. Harold dan Milo makan Burger Barvard. Rosa tidak makan satu pun. Rosa melihat selama Harold dan Milo makan.

Rosa bilang pada mereka: "Kita harus pergi ke Klub Robotika jam tiga lebih tigapuluh."

Milo bilang: "Jam berapa sekarang?"

Rosa bilang: "Tiga lebih dua lima. Yuk, berangkat!"

Harold bilang: "Tapi Klub Robotika itu klubnya Ibu Bell. Dia guru yang tidak bagus. Semua murid yang pergi ke Klub Robotika bilang dia tidak keren. Dia tidak suka pada murid-murid."

Milo bilang: "Tapi robot itu

keren! Ayahku bilang dia akan membeli robot. Robot itu keren! Mari kita lihat, yuk?"

Rosa bilang, "Sekarang tiga lebih dua delapan! Mari berangkat!"

Chapter 4
Mrs Bell's Robotics Club

Milo dan dua temannya pergi ke Klub Robotika. Di sana ada banyak murid. Milo dan teman-temannya melihat ke murid-murid.

Harold bilang: "Klub Robotika ini sangat besar! Lihatlah semua murid ini!"

Milo bilang: "Ini bukan karena Ibu Bell menyenangkan, sungguh. Aku tidak suka dia! Ini karena Klub Robotika akan pergi ke sebuah

kompetisi! Semua orang senang pergi ke kompetisi. Klub Robotika ini menyenangkan!"

Ibu Bell bilang: "Halo! Saya Ibu Bell. Wow, ada banyak sekali kalian! Sungguh hebat! Kita akan menang! Barvard akan memberi saya banyak uang!"

Rosa bilang pada Ibu Bell: "Menang apa? Mengapa Barvard akan memberi Anda uang?"

Ibu Bell bilang: "Oh ya, benar, Barvard memberi Klub Robotika banyak uang! Jadi kalian harus menang kompetisi! Tiga murid akan pergi ke Monkey's Eyebrow untuk kompetisi! Tiga! Dan saya harus melihat siapa yang saya suka. Murid-murid favorit saya akan mengikuti kompetisi! Murid-murid yang tidak saya sukai tidak akan ikut kometisi!"

Dia melihat semua murid-murid."Jadi... siapa yang bilang saya cantik?"

Milo menatap Harold. Mengapa Ibu Bell mau semua murid bilang bahwa dia itu cantik? Semua orang diam.

Ibu Bell tidak senang. "Kalian ada di klub saya! Apakah kalian tidak mau mengikuti kompetisi? Jika kalian mau pergi ke kompetisi, katakan bahwa saya cantik!"

Harold bilang: "Aaaaaaaaah!"
Rosa bilang pada Harold: "Kamu baik-baik saja?"

Harold bilang: "Aku merasa mau muntah!"

Milo bilang: "Aku juga!"

Ibu Bell bilang: "Kamu -- kamu—mengapa kamu mau muntah? Saya sangat tidak suka murid-murid yang muntah!"

Rosa bilang: "Itu karena Burger Barvard dibuat dari daging tikus!"

Ibu Bell bilang: "Klub saya adalah Klub Robotika! Bukan Klub Muntah! Saya tidak suka kalian!"

Chapter 5

Where's the Cash?

Tiga sekawan sekarang ada di rumah Rosa. Mereka senang mengunjungi rumah Rosa, karena ibu Rosa selalu memberi mereka makanan yang lezat.

Rosa bilang pada temannya: "Ada Oreo. Kalian mau makan Oreo?"

Milo dan Harold bilang bersama: "Ya!!"

Milo bilang: "Ya 'kan? Klub

Robotika akan pergi ke Monkey's Eyebrow untuk kompetisi! Hebat, bukan? Aku juga mau pergi!"

Harold makan tiga keeping Oreo. "Aku juga! Kita akan pergi ke kompetisi bersama-sama!"

Rosa melihat dua temannya. "Tetapi ada masalah besar. Ibu Bell bilang Klub Robotika tidak punya uang. Dan kita perlu uang untuk pergi ke Monkey's Eyebrow untuk kompetisi."

Milo makan sekeping Oreo. "Uang. Uang. Uang selalu jadi masalah!"

Harold bilang, "Tidak. Tidak punya uang bukan masalah. Uang bukan masalah!"

Milo bilang: "Mengapa Klub Robotika tidak punya uang? Ibu

Bell bilang Barvard akan memberi Klub Robotika banyak uang."

Harold bilang: "Benar. Mengapa Klub Robotika tidak punya uang?"

Milo bilang: "Aku tidak suka Ibu Bell. Dia selalu mau kita bilang 'Kamu cantik.' Tapi dia tidak cantik!"

Rosa bilang: "Apa yang bisa kalian lakukan? Tidak ada uang. Itu masalah. Kita harus berpikir. Siapa yang punya uang? Siapa yang punya banyak uang?"

Tiga sekawan itu berpikir. Harold bilang: "Kepala Sekolah punya banyak uang, karena dia adalah kepala sekolah."

Milo bilang: "Benar! Dia punya banyak uang. Rumahnya sangat

besar. Mari kita minta uang pada Kepala Sekolah, oke?"

Rosa bilang: "Minta uang pada Kepala Sekolah? Siapa yang akan minta uang pada Kepala Sekolah?"

Milo, Harold dan Rosa bilang: "Bukan aku!"

Mereka berpikir lagi. Milo makan lima keeping Oreo. "Robot pembersih!"

"Robot pembersih?"
"Ya. Orang yang punya banyak uang tidak suka bersih-bersih. Rumah Kepala Sekolah sangat besar. Kita akan pergi ke rumahnya. Kita akan bilang padanya bahwa robot pembersih kita akan membersihkan rumahnya. Dia akan

memberi kita banyak uang!"

"Robot pembersih itu keren! Klub Robotika akan punya uang banyak sekali!"

"Juga, Ibu Bell akan suka pada kita! Dia akan bilang pada kita 'kalian akan pergi ke kompetisi!' "

Chapter 6
A Clean Sweep?

Tiga sekawan ada di rumah Kepala Sekolah. Rumah Kepala Sekolah sangat besar. Dia punya enam ekor anjing Peking.

Rosa bilang: "Lihat anjing-anjing Kepala Sekolah! Anjing-anjingnya sangat bagus dan lucu!"

Milo bilang: "Aku tidak suka anjing. Aku tidak mau membersihkan rumah Kepala Sekolah, karena dia punya banyak

anjing. Susah untuk membersihkan rumahnya!"

Harold bilang, "Apa yang bisa kamu lakukan? Kita butuh uang! Klub Robotika butuh uang!"

Rosa bilang: "Milo, kamu tidak akan membersihkan rumah Kepala Sekolah. Robot pembersih yang akan membersihkan rumah Kepala Sekolah."

Harold bilang: "Benar! Kita tidak akan bersih-bersih! Robot yang akan membersihkan rumah. Mari kita pergi makan Burger Barvard, oke?"

Milo bilang: "Baiklah!"

Rosa bilang: "Apakah kamu mau muntah? Aku tidak mau -- oh, halo, Kepala Sekolah!"

Kepala Sekolah melihat

mereka. Dia tidak senang."Saya akan pergi ke Mal-Wart. Mengapa kalian ada di rumah saya?"

Milo bilang: "Kami ada di rumah Anda karena kami mau melihat apakah rumah Anda perlu dibersihkan."

"Melihat apakah rumah saya perlu dibersihkan? Mengapa kalian --"

Harold bilang: "Apakah Anda senang membersihkan rumah?"

"Apakah saya senang membersihkan rumah? Tidak! Tidak ada yang suka membersihkan rumah. Tapi kalian --"

Rosa melihat pada Milo dan Harold. Rosa tampak senang. Dia bilang pada Kepala Sekolah: "Klub Robotika yang akan membersihkan rumah Anda."

Kepala Sekolah melihat pada Rosa. "Apakah kamu punya robot?"

Tiga sekawan bilang: "Ya! Lihat!" Kepala Sekolah melihat robot.

"Robot ini tidak begitu besar. Apakah robot yang kecil bisa membersihkan rumah saya?"

"Bisa!"

Kepala Sekolah bilang: "Baiklah." Tiga sekawan sangat senang!

Harold bilang: "Tapi Anda harus memberi kami uang limapuluh. Kami perlu uang karena Klub Robotika akan pergi ke Monkey's Eyebrow untuk sebuah kompetisi!"

Kepala Sekolah bilang: "Tapi Barvard memberi Klub Robotika banyak uang. Mengapa kalian tidak punya uang untuk pergi ke Monkey's Eyebrow untuk kompetisi?"

Milo bilang: "Ibu Bell bilang --"

Rosa bilang: "Kepala Sekolah, apakah Anda mau robot kami membersihkan rumah Anda?"

Kepala Sekolah tidak senang. Tapi dia bilang pada Harold: "Baiklah, robot kalian dapat membersihkan rumah saya. Dan saya akan memberi kalian uang limapuluh."

"Keren! Anda pergi ke Mal-Wart. Robot akan membersihkan rumah Anda!"

Chapter 7
I Have to Kiss Who?

Milo dan Harold bilang: "Ini bukan salah kami!"

"Bukan salah kalian? Jika ini bukan salah kalian, ini salah siapa? Kalian yang bilang, selama robot membersihkan rumah mari kita pergi makan Burger Barvard."

Rosa sangat tidak senang. Dia tidak senang, karena selama robot membersihkan rumah Kepala Sekolah, robot itu juga mencukur

enam anjing Peking itu. Anjing-anjing Peking itu tampak sangat jelek sekarang!

"Kepala Sekolah sangat marah! Enam anjing itu jadi sangat jelek sekarang! Karena Kepala Sekolah sangat marah, dia tidak akan memberi kita uang! Karena dia marah, kita harus memberi dia uang! Kita tidak dapat pergi ke Monkey's Eyebrow untuk kompetisi! Ini adalah salah kalian, karena kalian bilang 'Mari pergi ke Barvateria selama robot bersih-bersih!'"

Harold bilang: "Kepala Sekolah mau kita memberi dia uang, tetapi kita tidak punya uang. Apa yang bisa kita lakukan?"

Milo bilang: "Aku punya ide!

Banyak orang yang senang pada Harold. Cewek-cewek suka dia. Cowok-cowok suka dia. Guru-guru suka dia. Anjing dan kucing juga suka dia! Banyak orang yang akan mau mencium Harold! Harold akan mencium orang-orang! Orang akan membayar banyak karena mereka semua mau mencium Harold!"

Harold bilang: "Tapi aku tidak mau mencium orang-orang! Dan aku tidak mau mencium anjing dan kucing!"

Rosa bilang: "Tapi kamu mau pergi ke Monkey's Eyebrow, 'kan?" Harold bilang, "Ya, aku mau. Aku mau sekali pergi ke kompetisi robotika."

Milo bilang padanya: "Jika kamu mencium anjing dan kucing,

kita akan punya uang. Untuk bisa memberi uang pada Kepala Sekolah kamu harus mau mencium anjing dan kucing. Dan jika kamu tidak mau mencium anjing dan kucing kita tidak akan punya uang untuk pergi ke kompetisi di Monkey's Eyebrow. Jadi apakah kamu akan mencium orang-orang?"

Harold tampak sangat tidak senang. "Baiklah. Aku akan mencium orang-orang."

Rosa bilang: "Dan apakah kamu juga akan mencium anjing dan kucing?"

Harold bilang: "Aku tidak mau --"

Milo bilang: "Klub perlu uang.

Kepala Sekolah juga mau uang!
Salah kamu, kita tidak punya uang.
Jadi kamu harus mencium anjing
dan kucing juga!"

"Tetapi itu bukan salah aku saja
--"

Rosa dan Milo menatap Harold.
"Apakah kamu mau pergi ke
kompetisi? Ya atau tidak?"

Harold tidak senang, tapi dia
bilang: "Baik. Aku akan mencium
anjing dan kucing juga."

Chapter 8

Road Trip

"Kita akan pergi ke Monkey's Eyebrow! Kita akan mengikuti kompetisi!"

Tiga sekawan sangat senang. Klub Robotika punya uang! Tapi itu bukan karena banyak orang mau mencium Harold. Tidak ada yang mau mencium Harold! Dan itu juga bukan karena Harold mencium banyak anjing dan kucing. Tapi banyak orang mau mencium robot,

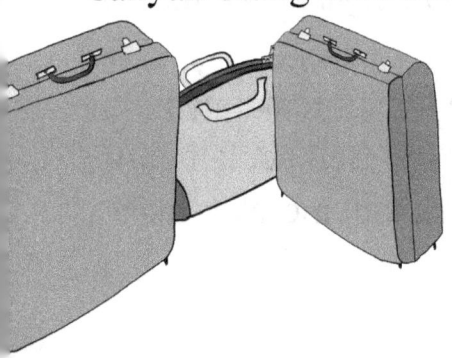

jadi Klub Robotika sekarang punya banyak uang!

Ibu Bell tidak senang. "Kita tidak punya uang untuk pergi naik Amtrak. Kita akan naik mobil saya. Jangan muntah, ya?"

Milo bilang: "Tapi kami telah memberi Klub Robotika banyak uang!"

Harold bilang: "Itu benar. Tidak ada orang yang mau mencium saya, tapi banyak orang mencium robot. Ada banyak uang!"

Ibu Bell bilang: "Klub Robotika tidak punya banyak uang. Kita akan naik mobil saya ke Monkey's Eyebrow."

Milo dan teman-temannya tidak senang. Ibu Bell adalah guru Klub Robotika, tapi mereka tidak suka dia. Mereka memberi Klub Robotika banyak uang, tapi Ibu Bell bilang klub tidak punya banyak uang. Di mana uang klub sekarang?

Harold bilang pada Milo: "Aku tidak suka mobil Ibu Bell. Berisik!" Milo bilang: "Aku pikir mobilnya berisik karena itu bukan mobil yang bagus."

Rosa bilang: "Mari mendengarkan musik, oke?"
Tapi mereka tidak suka musik Ibu Bell. Tidak bagus!

Milo bilang: "Mengapa musik Ibu Bell sangat jelek?"

Ibu Bell bilang: "Sssstttt! Saya mau mendengarkan musik. Kamu bilang apa?"

Rosa bilang: "Tidak ada masalah." Dia melihat pada Milo.

"Ibu Bell sangat marah!"

Ibu Bell bilang: "Bacalah 'Sekolah Robotika Hari Ini', oke? Kalian harus menang!"

Harold bilang: "Tapi jika saya baca 'Sekolah Robotika Hari Ini' aku akan muntah --"

Ibu Bell bilang: "Jangan muntah! Tapi kamu harus menang! Jadi baca 'Sekolah Robotika Hari Ini'!"

Milo, Rosa dan Harold semua membaca 'Sekolah Robotika Hari Ini'. 'Sekolah Robotika Hari Ini' bilang kompetisi di Monkey's Eyebrow sangat besar. Banyak orang yang pergi ke kompetisi itu. "Lihat! Central Academy punya robot yang hebat! Apakah mereka pergi ke kompetisi di Monkey's Eyebrow?"

"Robot punya Central Academy itu bagus? Robot kita jauh lebih bagus daripada robot Central Academy."

"Tapi --"

Boom boom boom! Boom boom boom!---Boom – Boom – Boom…

"Ini bukan musik Ibu Bell!"

Chapter 9

Fix-A-Wreck

"Ada apa dengan mobil saya?" Ibu Bell tidak senang. Mereka ada di Mid-Continent Rest Area. Tapi mobil Ibu Bell tidak bekerja. "Kalian --"

Harold bilang: "Bukan kami! Mobil Anda yang tidak bagus!"

Ibu Bell sangat marah. "Mengapa kamu bilang mobil saya tidak bagus? Di Barvard, mobil saya baik-baik saja. Tapi ketika kalian ada di mobil saya --"

Rosa bilang: "Tidak ada masalah! Klub Robotika punya uang."

Ibu Bell melihat padanya. "Klub Robotika punya uang? Tidak, tidak ada. Jika kamu mau pergi ke kompetisi itu, pikirkan sesuatu!" Milo bilang pada Harold: "Ibu Bell marah."

Harold bilang: "Ya! Mobil dia sangat jelek. Dan naik apa kita pergi ke Monkey's Eyebrow? Mengapa kita ikut dia di mobilnya?"

Rosa bilang: "Mengapa dia selalu bilang bahwa Klub Robotika tidak punya uang sama sekali? Kita telah memberi banyak uang pada klub ini. Ada Fix-A-Wreck di Mid-Continent Rest Area. Mari kita lihat!"

Ibu Bell bilang: "Jangan! Kita tidak punya uang untuk pergi ke Fix-A-Wreck."

"Tapi Klub Robotika punya uang!"

Ibu Bell melihat pada ketiga murid itu. "Tidak!" Dia melihat ke telepon selular iDroid X punya dia. Dia sangat marah. "Saya sangat marah! Ini semua salah kalian! Saya akan pergi ke Burger Queen. Kalian pikirkan sesuatu!"

Tiga sekawan berpikir.

Rosa bilang: "Apa yang dapat kita lakukan? Kita harus pergi ke Monkey's Eyebrow."

Harold bilang: "Mengapa Ibu Bell punya uang untuk pergi ke Burger Queen, dan kita harus berpikir lagi karena tidak ada uang untuk pergi ke Fix-A-Wreck?"

Milo bilang: "Itu tidak jadi masalah. Burger Barvard di Barvateria lebih baik daripada Burger Queen. Aku tidak mau pergi ke Burger Queen."

Harold bilang padanya: "Lihat! Di sana ada Ayam Goreng Tennessee! Aku suka sekali Ayam Goreng Tennessee!"

Rosa marah. "Kalian perlu berpikir! Kalian mau pergi ke Monkey's Eyebrow untuk kompetisi, bukan?"

Milo dan Harold tidak membahas Burger Queen dan Ayam Goreng Tennessee lagi. Mereka melihat ke mobil Ibu Bell.

Milo bilang: "Ayahku memberi saya robot. Ada di koperku. Di mana koperku?"

Rosa bilang: "Koper kita ada di belakang mobil. Mari kita lihat!" Koper Milo ada di mobil. Dia bilang: "Lihat, robotku ada di koperku! Sungguh hebat! Semua orang di area Mid-Continent Rest Area akan senang mencium robot ini juga. Mereka akan memberi kita uang."

Harold bilang: "Benar! Kita dapat pergi ke Fix-A-Wreck!" Tapi Rosa tidak mendengarkan mereka. Dia melihat koper-koper di belakang mobil. "Milo! Harold! Lihat ada apa di belakang mobil!"

"Ada apa di belakang mobil?

Koper-koper kita, dan koper-koper Ibu Bell, bukan?"

Rosa bilang: "Benar. Tetapi juga ada banyak uang di belakang mobil!"

Milo bilang: "Uang?"

Harold bilang: "Tapi Ibu Bell selalu bilang bahwa Klub Robotika tidak punya uang sama sekali!"

Rosa bilang: "Ibu Bell mencuri uang Klub Robotika!"

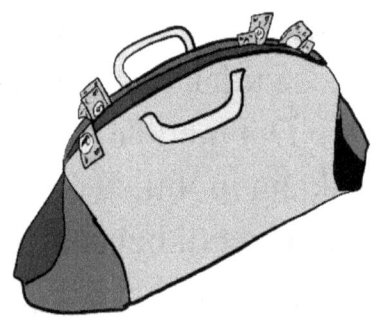

Chapter 10

A close shave

Ada banyak orang di Monkey's Eyebrow. Semua orang senang. Rosa senang karena mereka akan ikut kompetisi.

Milo dan Harold senang mereka ada di Monkey's Eyebrow sekarang karena mereka makan banyak Ayam Goreng Tennessee di Mid-Continent Rest Area. Mereka tidak mau naik mobil lagi. Mereka mau muntah.

Tapi Ibu Bell tidak senang.

"Pergi ke kompetisi!"

Seorang pria bilang pada Ibu Bell: "Guru harus melihat murid-murid mereka di kompetisi. Sana!"

Ibu Bell bilang: "Baik! Aku akan bersama pria-pria tampan. Aku suka pria tampan, karena aku cantik!" Ibu Bell pergi bersama pria-pria yang tampan.

Pria di Kompetisi Robot bilang: "Kalian semua punya robot yang hebat. Kompetisi kami jauh lebih susah daripada FIRST! Jauh lebih susah daripada VEX! Jauh lebih susah daripada Olimpiade Robot! Robot kalian harus mencukur jenggot!"

Rosa bilang: "Mencukur jenggot itu susah!"

Harold bilang: "Lihat! Di sana

ada tiga pria dengan jenngot yang besar!"

Milo bilang: "Apakah robot kita bisa mencukur jenggot seorang pria?"

Rosa bilang: "Dia bisa mencukur anjing-anjing Kepala Sekolah!"

Harold bilang: "Robot kita hebat! Dia dapat mencukur anjing. Dia dapat mencukur orang-orang. Dan... dia dapat mencukur Ibu Bell!"

Tiga sekawan melihat Ibu Bell. Ibu Bell tidak menatap mereka. Ibu Bell menyukai pria berjenggot. "Aku sangat suka pria dengan jenggot besar!" dia bilang. "Kalian semua sangat tampan! Apakah kalian menyukai guru-guru?"

Milo bilang: "Ibu Bell menyukai uang. Kita punya uang yang dia curi. Tapi dia juga senang ada orang bilang dia cantik..."

Rosa bilang: "Kita tidak akan menang kompetisi..."

Harold bilang: "Tapi... dia mencuri uang Klub Robotika! Dia bilang pada kita, tidak ada uang..."

Milo menatap temannya...

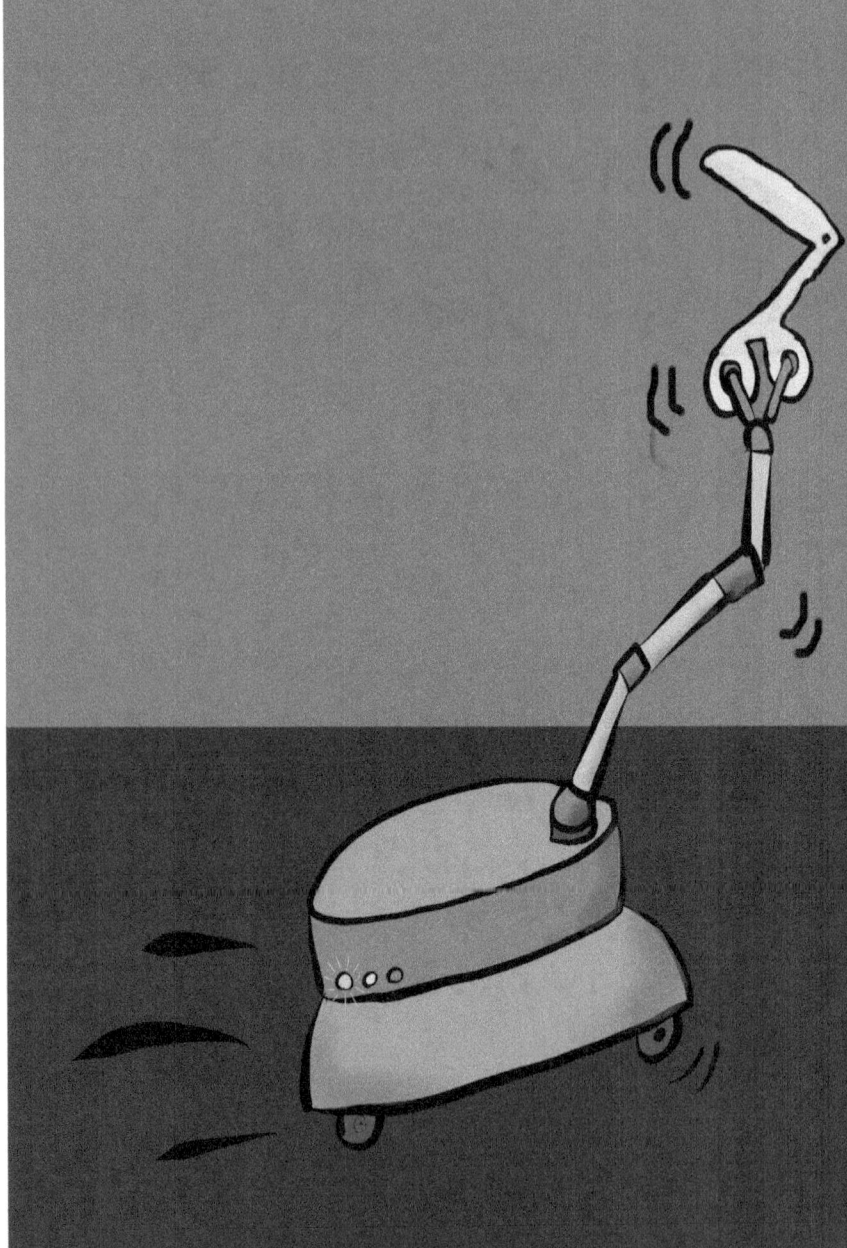

Chapter 11
Would You Like Fries With That?

"Mengapa tidak ada murid-murid yang bersih-bersih?"

"Apa?" Rosa melihat Milo. "Aku bilang, mengapa murid-murid tidak membersihkan Barvateria? Aku sangat tidak suka ini! Ketika kita makan di Barvateria, kita tidak sama dengan mereka!"

Milo sangat marah. Dia marah karena dia dan teman-temannya harus bekerja di Barvateria. Mereka

suka Barvateria, tapi mereka tidak senang bekerja di sana.

Rosa bilang: "Kepala Sekolah bilang karena kita mencukur rambut Ibu Bell, kita harus bekerja di Barvateria."

Harold bilang: "Tapi kita tidak mencukur rambut Ibu Bell. Robot yang mencukurnya!"

Milo bilang: "Dan robot tidak mencukur rambut Ibu Bell. Dia tidak mencukur semua rambut Ibu Bell! Separuhnya saja."

Di Monkey's Eyebrow, robot mencukur separuh rambut Ibu Bell. Ibu Bell sangat tidak senang. Tapi Milo, Harold dan Rose bilang pada Kepala Sekolah bahwa Ibu Bell mencuri uang Klub Robotika.

Kepala Sekolah sangat marah. Ibu Bell tidak bekerja lagi di Barvard sekarang.

Milo bilang: "Jika Ibu Bell tidak bekerja di Barvard, di mana dia bekerja sekarang?"

Harold bilang: "Dia bekerja di Jody's Junkyard." Milo bilang: "Sungguh? Ha ha ha! Aku pikir --"

Rosa bilang: "Milo, Bekerja! Kamu yang mau pergi ke Klub Robotika. Kamu yang mau pergi ke Monkey's Eyebrow untuk kompetisi itu. Ini semua salah kamu!"

Milo bilang: "Tapi Ibu Bell tidak bekerja lagi di Barvard sekarang! Itu bukan 'salah' aku juga, bukan?"

Rosa bilang padanya: "Ada yang mau makan Burger Barvard! Bekerja yuk!"

Milo bilang pada orang itu: "Selamat datang di Barvateria! Oke...oke...satu Burger Barvard. Dan apakah kamu mau kentang goreng juga?"

Glossary

ada, there is
adalah, is
akan, will
aku, I
anda, you
anjing, dog
apa, What
apakah, is
atau, or
ayah, father
ayahku, my father
ayahnya, his/her father
ayam, chicken
baca, read it
bacalah, read it
bagus, nice
bahasa, language
bahwa, that
baik, well
baiklah, OK
banyak, many
bekerja, work
belakang, back
benar, right
berangkat, leave
berapa, how many
berisik, noisy
berjenggot, bearded
bermain, play
berpikir, think
bersama, together
bersih, clean
besar, big
bilang, say it
bisa, can
bukan, not
bukankah, is not that
burger, burger
cantik, beautiful
cewek, girl
cowok, guy
curi, steal
daging, meat
dan, and
dapat, could
dari, from
daripada, of the
datang, come
delapan, eight
dengan, with
di, in
dia, he

diam, shut up
dibuat, made
dilakukan, do
dua, two
empat, four
enam, six
favorit, favorite
goreng, fried
guru, teacher
ha, ha
hai, hi
halo, hello
hari, day
harus, should
hebat, great
hewan, animal
ibu, mother
ide, idea
ikut, come along
indonesia, Indonesia
ini, this
itu, that
jadi, so
jam, hour
jangan, do not
jauh, far
jelek, ugly
jenggot, beard

jenngot, jenngot
jika, if
juga, too
kakakku, my older brother
kalian, you
kami, we
kamu, you
kan, right
karena, because
katakan, say it
ke, to
kecil, small
kentang, potato
kepala, head
keren, cool
ketiga, third
ketika, when
kita, we
klub, club
klubnya, his/her club
kometisi, cometisi
kompetisi, competition
koper, suitcase
koperku, my suitcase
kucing, cat
kunjungi, visit
lagi, again

lakukan, do it
lebih, more
lezat, delicious
lihat, see
lihatlah, look at
lima, five
main, playing
makan, eat
makanan, food
mana, where
marah, angry
mari, let
masalah, problem
mau, want
melihat, look
melihatnya, see it
membaca, read
membahas, discuss
membayar, pay
membeli, buy
memberi, give
membersihkan, clean
memilih, choose
menang, win
menatap, stare
mencium, kissing
mencukur, shave
mencukurnya, shave it
mencuri, steal
mendengarkan, listen
mengapa, Why
mengikuti, follow
mengunjungi, visit
menyebalkan, sucks
menyenangkan, fun
menyukai, like
menyukail, like it
merasa, feel
mereka, they
minta, ask
mobil, car
mobilnya, the car
muntah, vomit
murid, student
musik, music
naik, go up
oke, okay
olimpiade, Olympiad
orang, person
pada, on
padanya, to him
pameran, exhibition
peking, Peking
peliharaan, pet
pembersih, cleanser
pergi, go

perlu, need
pikir, think
pikirkan, think about it
pria, man
pun, even
punya, have
rambut, hair
rasa, taste
robot, robot
robotika, robotics
robotku, my robot
rumah, house
rumahnya, his/her house
sains, science
saja, only
salah, wrong
sama, same
sana, there
sangat, very
sapi, cow
satu, one
saya, I
sebuah, a
sekali, once
sekarang, now
sekawan, friend
sekeping, a piece

sekolah, school
selalu, always
selama, for
selamat, congratulations
selular, cellular
semua, all
senang, happy
seorang, a
separuh, half
separuhnya, half of it
sesuatu, something
siapa, who
suka, like it
sukai, like it
sungguh, really
susah, it's hard
tampak, looked
tampan, handsome
tapi, but
telah, has been
telepon, telephone
teman, friend
temannya, his/her friend
tetapi, but
tidak, not
tiga, three
tigapuluh, thirty
tikus, rat

tuti, tuti
uang, money
untuk, for
ya, yes
yang, that
yuk, let's go

www.ingramcontent.com/pod-product-compliance
Lightning Source LLC
Chambersburg PA
CBHW052205110526
44591CB00012B/2091